Andrew T. Le Peau y Phyllis J. Le Peau

EFESIOS

INTEGRIDAD PARA UN MUNDO ROTO

11 ESTUDIOS PARA INDIVIDUOS O GRUPOS

Traducido por Jesús Escudero Nava

InterVarsity Press
P.O. Box 1400 | Downers Grove, IL 60515-1426
ivpress.com | email@ivpress.com

Traducción: Jesús Escudero Nava

InterVarsity Press® es la división editorial de InterVarsity Christian Fellowship/USA®. Para más información, visita intervarsity.org.

Diseño de la portada: Faceout Studio, Addie Lutzo
Diseño del interior: Daniel van Loon
Imagen: © Heaven's Gift xxx89 / Moment via Getty Images

ISBN 978-1-5140-1386-1 (físico) | ISBN 978-1-5140-1387-8 (digital)

Impreso en los Estados Unidos de América ♾

Library of Congress Cataloging-in-Publication Data
Un récord de catalogo para este libro está disponible de parte de la Biblioteca del Congreso.

32 31 30 29 28 27 26 25 | 13 12 11 10 9 8 7 6 5 4 3 2 1

CONTENIDO

Cómo sacar el máximo provecho de *Efesios* 5

UNO El propósito de Dios 9
EFESIOS 1:1-14

DOS «Sigo pidiendo». 12
EFESIOS 1:15-23

TRES Sublime gracia 15
EFESIOS 2:1-10

CUATRO Somos uno 18
EFESIOS 2:11-22

CINCO Prisionero y predicador. 22
EFESIOS 3

SEIS Unidad y singularidad 25
EFESIOS 4:1-16

SIETE Algo viejo, algo nuevo 28
EFESIOS 4:17-32

OCHO Vivir en amor, vivir en luz 31
EFESIOS 5:1-20

NUEVE Amor y respeto 34
EFESIOS 5:21-33

DIEZ Honrar y obedecer 37
EFESIOS 6:1-9

ONCE Guerras de oración 41
EFESIOS 6:10-24

Notas del líder. 44

CÓMO SACAR EL MÁXIMO PROVECHO DE *EFESIOS*

Admitámoslo. La mayoría de nosotros estamos centrados en los problemas. ¿Cómo voy a terminar todo mi trabajo a tiempo? ¿Qué puedo hacer para ser un mejor testigo? ¿Por qué mi ministerio no es más eficaz?

Resolver todos estos problemas está bien. Pero muy a menudo nos falta una perspectiva más amplia. Ponemos vendas sobre las heridas abiertas en lugar de buscar soluciones a largo plazo. Nos falta visión y no nos preguntamos por qué participamos en estas actividades.

Disfrutamos releyendo una y otra vez la carta de Pablo a los Efesios porque comunica la visión cristiana de forma más poderosa y concisa que cualquiera de sus otras cartas. La mayoría de las demás cartas de Pablo están dirigidas a los problemas particulares de una iglesia determinada. Por ejemplo, escribió a los gálatas sobre la amenaza del legalismo. Abordó diversos problemas de la iglesia de Corinto. Pero su carta a los efesios está dichosamente libre de turbulencias.

Algunos creen que la carta tiene esta cualidad porque no fue escrita únicamente para la iglesia de Éfeso. Probablemente fue más bien una carta circular enviada a las comunidades cristianas de Asia y otras provincias, especialmente donde Pablo no era conocido personalmente. Aunque la mayoría de sus cartas están llenas de saludos personales, aquí no se menciona a ningún individuo ni se le saluda por su nombre. De hecho, los manuscritos más antiguos y mejor conservados carecen incluso de las palabras *en Éfeso* (1:1). Se dirigen en general «a los santos que son fieles en Cristo Jesús». Pero en una fecha temprana la carta se asoció con la iglesia de Éfeso, por lo que la mayoría de los manuscritos posteriores tienen «a los santos en Éfeso, los fieles en Cristo Jesús».

Pero, en última instancia, esta carta está escrita para nosotros, independientemente de quiénes fueran sus lectores originales. Nos permite ver el conjunto del plan de Dios desde antes de la creación hasta la unión definitiva de todos y todo en Jesucristo. Sitúa nuestros problemas y toda nuestra vida en el contexto de la eternidad.

Esta guía te ofrece la oportunidad de capturar la visión de Dios para toda la historia mediante el estudio de Efesios. Se presenta en forma de once estudios para individuos o grupos. Cada estudio abarca aproximadamente medio capítulo. Pero no son discusiones aisladas e independientes, sino que se apoyan unas en otras.

Deseamos que Efesios amplíe tu visión de lo que Dios está haciendo en la historia y te dé integridad en este mundo roto.

SUGERENCIAS PARA EL ESTUDIO INDIVIDUAL

1. Al iniciar cada estudio, ora para que Dios te hable a través de su Palabra.

2. Lee la introducción del estudio y responde a la pregunta o ejercicio de reflexión personal. Esto te ayudará a centrarte en Dios y en el tema del estudio.

3. Cada estudio se centra en un pasaje específico, permitiendo profundizar en el significado que el autor pretende dentro de su contexto. Lee y relee el pasaje a estudiar. Si estás estudiando un libro, te resultará útil leerlo en su totalidad antes del primer estudio. Las preguntas están redactadas utilizando el lenguaje de la Nueva Versión Internacional, por lo que te recomendamos que utilices dicha versión de la Biblia.

4. Se trata de un estudio bíblico inductivo, diseñado para ayudarte a descubrir por ti mismo lo que dicen las Escrituras. El estudio incluye tres tipos de preguntas. Las preguntas de observación indagan sobre los hechos básicos: quién, qué, cuándo, dónde y cómo. Las preguntas de interpretación profundizan en el significado del pasaje. Las preguntas de aplicación ayudan a descubrir las implicaciones del texto para crecer en Cristo. Estas tres claves abren los tesoros de las Escrituras.

Escribe tus respuestas a las preguntas en los espacios proporcionados o en un diario personal. Escribir puede aportar claridad y una comprensión más profunda de ti mismo y de la Palabra de Dios.

5. Puede ser bueno tener a la mano un diccionario bíblico. Utilízalo para buscar cualquier palabra, nombre o lugar que no te resulte familiar.

6. Utiliza la sugerencia de oración como guía para dar gracias a Dios por lo que has aprendido y para orar sobre las aplicaciones que te hayan venido a la mente.

7. Puede que desees pasar a la sugerencia del apartado «Ahora o después», o puede que desees utilizar esa idea para el próximo estudio.

SUGERENCIAS PARA LOS MIEMBROS DE UN GRUPO DE ESTUDIO

1. Asiste al estudio debidamente preparado. Sigue las sugerencias para el estudio individual mencionadas anteriormente. Comprobarás que una buena preparación enriquecerá enormemente el tiempo dedicado a la discusión en grupo.

2. Debes estar dispuesto a participar en la discusión. El líder de tu grupo no estará dando lecciones. Al contrario, animará a los miembros del grupo a discutir lo que han aprendido. El líder formulará las preguntas que se encuentran en esta guía.

3. Apégate al argumento que se está discutiendo. Tus respuestas deben basarse en los versículos que son el centro de la discusión y no en autoridades externas como comentarios u oradores. Estos debates se centran en un pasaje concreto de las Escrituras. Solo en algunas ocasiones deberás referirte a otras porciones de la Biblia. Esto permitirá que todos participen en el estudio en profundidad y en igualdad de condiciones.

4. Sé receptivo con los demás miembros del grupo. Escucha con atención cuando describan lo que han aprendido. Es posible que te sorprendan sus apreciaciones. Cada pregunta supone una variedad de respuestas. Muchas preguntas no tienen respuestas «correctas», sobre todo las que apuntan al significado o la aplicación. En su lugar, las preguntas nos empujan a explorar el pasaje más a fondo.

Cuando sea posible, relaciona tus comentarios con los comentarios de los demás. Asimismo, sé positivo siempre que puedas. Esto animará a participar a algunos de los miembros más titubeantes del grupo.

5. Ten cuidado de no controlar la discusión. En ocasiones estamos tan ansiosos por expresar nuestros pensamientos que dejamos muy pocas oportunidades para que los demás respondan. Por supuesto, ¡participa! Pero permite que los demás también lo hagan.

6. Espera que Dios te enseñe a través del pasaje que se está discutiendo y a través de los demás miembros del grupo. Ora para que pasen juntos un rato agradable y fructífero, pero también para que, como resultado del estudio, encuentren formas de actuar individualmente y/o en grupo.

7. Recuerda que todo lo que se diga en el grupo se considera confidencial y no debe comentarse fuera del mismo, a menos que se dé permiso específico para ello.

8. Si eres el líder del grupo, encontrarás sugerencias adicionales al final de la guía.

EL PROPÓSITO DE DIOS

Efesios 1:1-14

Tenemos una relación de amor-odio con la voluntad de Dios. Deseamos entrañablemente descubrirla y obedecerla, tener la seguridad de saber que seguimos el camino que él desea. Por otro lado, definitivamente no queremos averiguar lo que él quiere porque en el fondo sospechamos que podría no ser de nuestro agrado.

Discusión en grupo. En una hoja de papel, completa el siguiente enunciado. Siento que la voluntad de Dios es: (a) una atadura y una cadena alrededor de mi cuello, (b) una meta que alcanzar, (c) tranquilizadora, (d) inescrutable, (e) algo de lo que alegrarse, (f) algo que temer, (g) algo que descubrir y luego hacer, u (h) otra:__________. Escribe una breve explicación de tu respuesta. Ahora, dobla los papeles y pide a cada persona que elija uno. Lean cada respuesta e intenten adivinar quién la escribió. Habla de por qué crees que esa respuesta caracteriza a esa persona.

Reflexión personal. Recuerda las formas en que Dios te ha revelado su voluntad a lo largo de tu vida. ¿Qué patrones ves? Agradece a Dios por su dirección.

En este estudio veremos lo que dice Pablo sobre la voluntad de Dios. *Lee Efesios 1:1-14.*

1. Según los versículos 3-6, ¿qué bendiciones recibimos del Padre?

Según los versículos 7-12, ¿qué otras bendiciones tenemos en Jesucristo?

¿Qué bendiciones recibimos a través del Espíritu Santo (vv. 13-14)?

2. ¿Cuál de ellas es más significativa para ti? Explica tu respuesta.

3. ¿Qué palabras y frases a lo largo del pasaje describen las acciones de Dios hacia nosotros? (Por ejemplo, «escogió» en el v. 4.)

4. La noción de ser «escogido» y «predestinado» es fuerte en este punto. ¿Cuál es la reacción emocional de Pablo al ser escogido y predestinado?

¿Cuál es la tuya?

5. Sólo a partir de la información dada en 1:1-14, intenta formular una declaración de lo que significa ser escogido por Dios.

6. Según los versículos 9-10, Dios nos ha bendecido al revelarnos que el objetivo último de la historia es someter todas las cosas a Cristo. ¿Qué significa esto?

7. Resume el propósito redentor de Dios desde la eternidad pasada hasta la eternidad futura, tal como se describe en 1:3-14.

8. ¿Qué descubres en estos versículos sobre la actitud de Dios hacia nosotros (observa especialmente los vv. 5, 9)?

9. ¿Qué significa vivir «para alabanza de su gloria» (vv. 6, 12, 14)?

¿Cómo podemos hacerlo?

10. ¿Cómo ha aumentado este pasaje tu sentido de participación en el propósito total de Dios para el universo? Explica tu respuesta.

Dedica tiempo a alabar al Dios y Padre de nuestro Señor Jesucristo, que nos ha bendecido con toda bendición espiritual.

AHORA O DESPUÉS

Repasa de nuevo el pasaje tomando nota de lo que Dios ha hecho, está haciendo y hará por ti. Asegúrate de enfocarte en la actitud de Dios hacia ti en todo lo que está haciendo. Escribe una carta de agradecimiento a Dios.

DOS

«SIGO PIDIENDO»

Efesios 1:15-23

A VECES ORAR PUEDE ser tan difícil como empujar una carretilla llena, sin rueda. En otras ocasiones, el flujo de la oración se apodera de nosotros como si nos precipitáramos por los rápidos de un río de montaña. Puede resultar especialmente difícil orar por quienes nos preocupan profundamente cuando estamos confundidos acerca de sus necesidades y de lo que podría ser mejor para ellos. También puede resultar muy natural orar por aquellos a los que amamos cuando los llevamos ante Dios y les expresamos nuestro amor.

Discusión en grupo. El estudio de hoy trata sobre las cosas que pedimos a Dios que haga por los demás. Antes de ponerse a orar en serio, diviértanse hablando de tres deseos. Si un genio saliera de una botella, ¿qué le pedirías?

Reflexión personal. Habla con Dios sobre los momentos en los que la oración por los demás te ha resultado difícil. Tal vez te sientas culpable por no haber sido coherente en tu compromiso de orar por alguien. Describe tu decepción o dolor. Tómate tiempo para permitirle que te escuche plenamente.

Las oraciones de Pablo por los efesios estaban llenas de alabanza y agradecimiento. *Lee Efesios 1:15-23.*

1. ¿De qué manera las oraciones de Pablo por sus lectores abarcan el pasado, el presente y el futuro?

2. En los versículos 15-16 Pablo dice: «Por eso… no he dejado de dar gracias por ustedes al recordarlos en mis oraciones». ¿Por qué está Pablo tan agradecido en sus oraciones por los efesios?

3. Describe las cualidades en las que se centran las oraciones de Pablo por los efesios.

¿Por qué crees que su oración se enfoca de esta forma?

4. ¿Qué puedes aprender sobre cómo orar por los demás a partir de las oraciones de Pablo?

5. ¿Qué experiencias del poder descrito en el versículo 19 has tenido?

6. Según los versículos 22-23, ¿de qué manera la iglesia, el cuerpo de creyentes, es central en los planes de Dios para el universo?

7. ¿Qué papel desempeña la iglesia en tu vida?

8. ¿Cómo amplían los versículos 20-23 la discusión de Pablo sobre la cabeza de Cristo que comenzó en los versículos 9-10?

9. ¿Qué relación existe entre el contenido de los versículos 1-14 y las oraciones de los versículos 15-23?

¿Qué puedes aprender de ello para tu propia vida de oración?

Ora por la iglesia de Cristo y por los individuos de tu iglesia, siguiendo el ejemplo de Pablo.

AHORA O DESPUÉS

Podemos aprender mucho sobre cómo orar por los demás a partir de las cartas de Pablo. *Lee 2 Tesalonicenses 1:1-12.* ¿Qué aprendes de estos versículos sobre cómo orar por los demás?

Si alguien orara por ti como lo hizo Pablo en los versículos 11-12, ¿cuál es una forma específica en la que desearías que Dios cambiara tu vida?

TRES

SUBLIME GRACIA

Efesios 2:1-10

Uno de los versículos más conocidos del libro de Efesios es el 2:8: «Porque por gracia ustedes han sido salvados mediante la fe». La gracia se ha definido a menudo como «las riquezas de Dios obtenidas por medio de Cristo».

Discusión en grupo. ¿En qué cambiaría tu vida si Dios dejara de ser bondadoso contigo?

Reflexión personal. Concéntrate en la gracia de Dios para contigo en los últimos días, semanas y meses. Permítete experimentar la profundidad de su bondad. Responde a él en oración y alabanza.

En este estudio consideraremos algunas de las riquezas que se nos han dado en Cristo. *Lee Efesios 2:1-10.*

1. Según este pasaje, ¿cuáles son los efectos de estar muertos en transgresiones y pecados?

2. ¿De qué formas has visto que el pecado mata?

3. Según los versículos 4-7, ¿qué motivó a Dios a salvarnos?

4. ¿Cómo respondes a estos motivos al considerar nuestra condición sin Cristo?

5. Echa un vistazo a 1:19-20. ¿Qué paralelismos ves entre 1:19-20 y 2:4-6?

6. ¿Qué quiere decir Pablo cuando afirma que hemos sido «vivificados», «resucitados» y «sentados» con Cristo (vv. 5-6)?

7. ¿Cómo se relaciona nuestra unión con Cristo con el cumplimiento del propósito de Dios expuesto en 2:7?

8. ¿Qué diferencia marca en tu vida cotidiana la realidad de tu unión con Cristo?

9. ¿Qué aprendemos sobre la gracia de Dios en 2:8-10?

10. Cuando Pablo dice que nuestra salvación no procede de nosotros mismos (vv. 8-9), ¿está diciendo que no desempeñamos ningún papel en nuestra salvación? Explica tu respuesta.

11. ¿Contradice el versículo 10 los versículos 8-9? Explica tu respuesta.

12. ¿Qué buenas obras ha preparado Dios para que tú hagas?

13. ¿Qué te ha impedido hacerlas?

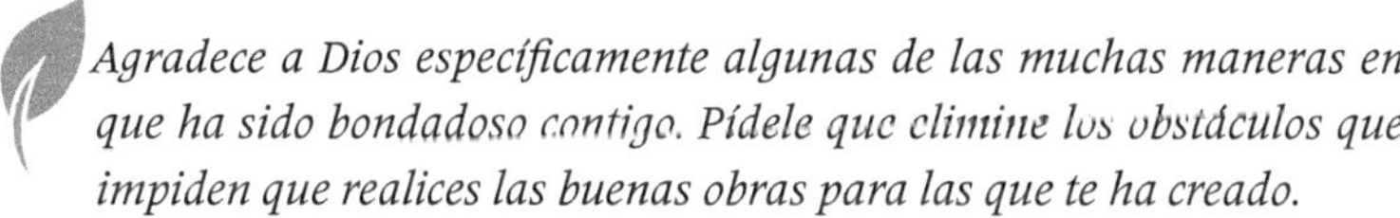

Agradece a Dios específicamente algunas de las muchas maneras en que ha sido bondadoso contigo. Pídele que elimine los obstáculos que impiden que realices las buenas obras para las que te ha creado.

AHORA O DESPUÉS

Reflexiona sobre cómo o cuándo te resulta difícil ser receptor de la gracia de Dios. Escribe en un diario sobre cada una de las áreas que te vengan a la mente. Comenta por qué crees que recibir la gracia de Dios puede resultarte difícil.

Habla con Dios sobre lo que has registrado en tu diario.

CUATRO

SOMOS UNO

Efesios 2:11-22

Muchos de nosotros hemos cantado: «Somos uno en el Espíritu, somos uno en el Señor». Pero también seguimos encontrándonos en desacuerdo con cristianos que creen o viven de forma diferente a la nuestra. Tales problemas eran tan comunes en tiempos de Pablo como en los nuestros.

Discusión en grupo. Encuentren tantas cosas como sea posible que todos tengan en común.

Reflexión personal. Tómate tiempo para sentir y reflexionar sobre los sentimientos negativos que tienes hacia determinadas personas o grupos. En un diario describe la situación, tus sentimientos y la razón de estos sentimientos tan honestamente como puedas. Encomienda cada situación a Dios en oración. Pídele que abra tu mente y tu corazón para que puedas desarrollar un entendimiento sobre ti mismo y sobre él, así como sobre la situación, y que seas cambiado por él.

Pablo anhelaba que los cristianos gentiles supieran cómo habían sido acercados a Dios mediante la sangre de Cristo y eran uno con sus hermanos judíos. *Lee Efesios 2:11-22.*

1. Pablo utiliza imágenes vívidas en este pasaje. ¿Cuáles son algunas de ellas?

¿Qué pretenden comunicar?

2. El versículo 11 hace hincapié en la distinción entre los circuncisos y los incircuncisos: los judíos y los gentiles. ¿Qué insultos utilizan hoy en día los cristianos, quizás incluso usando términos bíblicos?

3. Además de algunas diferencias superficiales entre judíos y gentiles, también había algunas divisiones muy reales. ¿Cuáles son algunas de las cosas que dividían a los gentiles de los judíos (v. 12)?

4. ¿De qué manera el vínculo que tenemos en la sangre (muerte) de Cristo supera todo lo que nos divide de otros cristianos (v. 13)?

5. Según 2:14-18, ¿cuáles son las dos reconciliaciones que logra Cristo?

6. ¿Cómo has comprobado que el hecho de estar reconciliado con Dios por medio de Cristo afecta a tu reconciliación con los demás?

7. Pablo dice que Cristo destruyó el muro de separación «[anulando] la Ley con sus mandamientos y requisitos» (v. 15). ¿En qué sentido abolió la ley la cruz?

8. ¿Qué normas, escritas o no, y requisitos imponemos que podrían impedir a la gente entrar en el reino?

9. Hasta la actualidad vemos divisiones entre los cristianos a pesar de que Cristo mismo es nuestra paz (vv. 14-18). ¿Cómo es posible que los que están unidos en Cristo sigan divididos?

10. ¿De qué manera las imágenes que Pablo utiliza en 2:19-22 enfatizan la unidad que los cristianos tienen entre sí?

11. ¿De qué manera la reconciliación de judíos y gentiles entre sí y con Dios (2:11-22) es un cumplimiento de la voluntad y el propósito de Dios en Cristo (1:9-10)?

12. ¿Cómo puedes conocer mejor los puntos de vista de los demás para poder trabajar por la unidad?

13. ¿Qué primer paso práctico hacia la unidad puedes dar en la próxima semana con los cristianos con los que difieres?

Entrégale a Dios aquellas relaciones de tu vida en las que necesites reconciliarte con otros cristianos. Pide a Dios que derribe los muros que te separan de tus hermanos y hermanas.

AHORA O DESPUÉS

Piensa en una relación fracturada en tu vida. Pide a Dios compasión y comprensión por esa persona. Haz un plan de los pasos que darás para intentar arreglar la relación.

PRISIONERO Y PREDICADOR

Efesios 3

¿**En qué piensas cuando** escuchas la palabra *iglesia*? ¿Un edificio en la esquina? ¿Un grupo de religiosos hipócritas? ¿Un compañerismo vibrante?

Discusión en grupo. ¿Cuándo has tenido una experiencia especialmente fuerte en la iglesia?

Reflexión personal. Piensa en dos o tres adjetivos que reflejen tu actitud y experiencia en la iglesia. Reflexiona sobre lo que ha hecho que tu experiencia sea difícil, así como lo que la ha convertido en algo especial. Ora por tu iglesia y agradece a Dios por ella.

El ministerio especial de Pablo permite ampliar nuestra concepción de la iglesia. En este pasaje, Pablo aclara y exalta el lugar de la iglesia en el plan de Dios. *Lee Efesios 3.*

1. ¿Qué temas observas a lo largo de este capítulo?

2. Pablo dice que ha sido receptor de la gracia de Dios de dos maneras. Dios le reveló un misterio y se le concedió el privilegio de predicar a los gentiles las riquezas de Cristo. Explica el significado del misterio revelado a Pablo (vv. 2-6).

3. ¿Qué propósito tiene Dios para la iglesia (vv. 10-11)?

4. ¿Cómo se compara y contrasta tu actitud hacia la iglesia con la de Pablo?

5. ¿Cómo encaja este propósito para la iglesia con el propósito general de Dios en Cristo descrito en 1:9-10?

6. Pablo estuvo en prisión «por el bien de ustedes los no judíos» (v. 1). ¿De qué manera sirvió entonces el encarcelamiento de Pablo para gloria de sus lectores (3:13)?

7. Pablo pasa ahora de la instrucción a la oración. Tres veces en los versículos 14-21 Pablo menciona el «amor» y el «poder». ¿Qué aprendemos sobre el poder y el amor en estos versículos?

8. ¿De qué maneras específicas ves el amor y el poder de Dios en tu vida y en la vida de tu iglesia?

9. Los versículos 10-11 afirman que la iglesia debe dar a conocer la sabiduría de Dios. ¿Cómo se dirige la oración de Pablo hacia el cumplimiento de ese propósito?

10. ¿Cómo se da a conocer la sabiduría de Dios a través de tu cuerpo local de creyentes?

11. ¿En qué medida ha sido respondida la oración de Pablo en tu vida o en la vida de tu iglesia?

12. ¿De qué maneras concretas te anima y motiva la bendición de los versículos 20-21?

Utilizando la oración de Pablo como guía, ora por ti y por tu iglesia.

AHORA O DESPUÉS

En tu diario describe cómo se reflejaría en tu vida y en tu iglesia si cada una de las peticiones en la oración de Pablo fuera respondida.

SEIS

UNIDAD Y SINGULARIDAD

Efesios 4:1-16

Mientras que Efesios 1–3 proporciona un fundamento doctrinal, Efesios 4–6 muestra en detalle práctico cómo dar gloria a Dios en la iglesia. Pablo considera ahora la calidad de vida que se exige a los creyentes individualmente y en la comunión de la iglesia de Cristo.

Discusión en grupo. «Para tener unidad todos debemos ser uniformes». Explica por qué estás o no de acuerdo con esta afirmación.

Reflexión personal. Efesios 4:2 dice: «[Sean] siempre humildes y amables, pacientes, tolerantes unos con otros en amor». Reflexiona sobre estas palabras. Mide tu comportamiento reciente en relación con ellas. Habla con Dios sobre lo que descubras.

Pablo está tan preocupado por estos cristianos que les *ruega* que lleven una vida digna de su vocación.

1. Según Efesios 1–3, ¿cuál es nuestra vocación?

2. *Lee Efesios 4:1-16.* ¿Cuáles son las características de una vida digna de nuestra vocación (vv. 1-3)?

3. ¿Por qué estas virtudes son tan importantes para mantener la unidad?

4. ¿Qué cualidades te ayudan a fomentar la unidad con los demás y en cuáles necesitas trabajar?

5. Se nos ordena mantener la unidad del Espíritu. Pero Pablo también afirma que tenemos un solo cuerpo, un solo Espíritu, una sola esperanza, un solo Señor, una sola fe, un solo bautismo y un solo Dios y Padre de todos. ¿Cómo contribuyen estos siete «unos» a vivir realmente la verdadera unidad?

6. En los versículos 8-10 se compara a Cristo con un héroe conquistador cuya procesión triunfal llena todo el universo, desde los cielos más altos hasta la tierra más baja. A continuación, Cristo distribuye generosamente dones (el botín de la victoria) entre sus fieles seguidores. ¿Cuál es la naturaleza y la finalidad de estos dones (vv. 11-13)?

7. ¿Qué dones espirituales crees que podrías tener?

8. ¿De qué manera tus dones cumplen los propósitos descritos en 4:11-13?

9. ¿En qué se diferencia la infancia espiritual de la madurez espiritual (vv. 14-16)?

10. ¿Qué vientos y olas soplan y zarandean a la iglesia hoy en día?

11. Mientras que 4:16 expone la unidad que tenemos como creyentes, 4:7-11 describe nuestra singularidad a través de los dones individuales que hemos recibido. ¿De qué manera la explicación de Pablo sobre la función y el objetivo adecuados de estos dones nos devuelve al tema inicial de Efesios 4?

12. En el versículo 16, Pablo dice que el cuerpo «crece y se edifica en amor..., según la actividad propia de cada miembro». ¿Qué pasos debes dar para trabajar más plenamente hacia este objetivo?

Ora para que tus dones espirituales se utilicen para ayudar a otros a crecer en Cristo y para edificar la iglesia.

AHORA O DESPUÉS

Del mismo modo que nuestros dones espirituales se utilizan para edificar el cuerpo de Cristo, los miembros del cuerpo de Cristo nos ayudan a identificar cuáles son nuestros dones. Reúnete con uno o dos amigos cristianos que te conozcan bien y consideren juntos qué dones espirituales puede poseer cada uno.

SIETE

ALGO VIEJO, ALGO NUEVO

Efesios 4:17-32

Ya, pero todavía no. Así es como experimentamos a Cristo. Ya hemos salido de las tinieblas espirituales y hemos entrado en su luz. Ya hemos recibido su gracia y hemos llegado a conocerlo. Pero todavía no vivimos completamente como Dios quiere. Aún no hemos llegado. Aun así, Jesús está a nuestro lado en este viaje.

Discusión en grupo. ¿Los cristianos viven necesariamente mejor que los no cristianos? Explica tu respuesta.

Reflexión personal. ¿Cuándo te has sentido perdido en la oscuridad? ¿Qué te trajo a la luz? Dedica tiempo a alabar a Dios por su redención.

Pablo continúa desarrollando lo que significa para sus lectores vivir una vida digna de su vocación (4:1). *Lee Efesios 4:17-32.*

1. ¿Cómo contrasta Pablo la vida del gentil (no creyente) con la de un verdadero creyente a lo largo de estos versículos?

2. Pablo dice que los gentiles están afligidos por una condición espiritual conocida como dureza de corazón (v. 18). ¿Cuáles son los efectos de esta condición (vv. 17-19)?

3. ¿Qué aspectos en nuestras vidas podrían ser una pista de la dureza de nuestro corazón?

4. ¿Qué crees que significa despojarse del viejo yo (v. 22)?

5. ¿Cómo afectan tus actitudes a tu forma de vivir (v. 23)?

6. En los versículos 25-32, ¿de qué nos dice Pablo que nos despojemos, de qué nos dice que nos vistamos y qué razón da para hacer estas cosas? (Si no dice explícitamente cada una de las tres partes para un tema determinado, completa lo que está implícito).

Despojarnos	**Vestirnos**	**Razón**

7. ¿Cómo muestran estas instrucciones la importancia de una sana comunicación para promover la unidad?

8. ¿Cuál de los mandatos de los versículos 25-32 te cuesta seguir? Explica tu respuesta.

9. ¿Qué pasos prácticos podrías dar esta semana para mejorar tus relaciones con los demás en un área de dificultad?

10. ¿En cuál de los mandamientos de los versículos 25-32 has visto que Dios te fortalece para obedecerlo?

Dedica tiempo a alabar a Dios por su obra en tu vida, y ora para que te conceda gracia en las áreas que debes mejorar.

AHORA O DESPUÉS

Dedica algún tiempo a escribir en tu diario algo de lo que has aprendido de este pasaje. Considera de nuevo lo que debemos desechar y ponernos según los versículos 25-32. Escribe ejemplos negativos y positivos de tu vida. Utilízalos como guía para la oración.

OCHO

VIVIR EN AMOR, VIVIR EN LUZ

Efesios 5:1-20

Siempre nos sentimos agradecidos al comprobar que nuestros hijos no han tomado parte cuando sus amigos ridiculizan a alguien. Sin embargo, nos enorgullecemos cuando defienden a la persona de la que los demás se burlan y hacen saber a sus amigos que humillar a una persona es inaceptable.

No hacer lo que está mal es una cosa. Pero a veces puede ser aún más difícil hacer lo que está bien.

Discusión en grupo. ¿Cómo imitan los niños? (Da algunos ejemplos de tus propias observaciones de niños pequeños).

Reflexión personal. Piensa en las personas a las que has imitado o a las que te gustaría imitar. ¿Qué te hace querer imitarlas?

En Efesios 5, Pablo sigue desarrollando lo que significa vivir «de una manera digna del llamamiento que han recibido» (4:1). Lo hace considerando formas en las que no deberíamos actuar y formas en las que deberíamos hacerlo. Al igual que los hijos imitan a sus padres, nosotros debemos imitar a Dios. *Lee Efesios 5:1-20.*

1. ¿Cómo sería imitar a Dios de alguna manera?

2. Según el versículo 2, Cristo es el ejemplo perfecto de imitar a Dios viviendo una vida de amor. ¿Qué diferencia supone para ti que Cristo te haya precedido en vivir esta vida de amor?

3. ¿Qué comportamientos condena Pablo (vv. 3-4)?

4. ¿De qué manera la acción de gracias es un sustituto apropiado del comportamiento que Pablo condena en los versículos 3-4?

5. ¿Cómo puedes utilizar la acción de gracias para sustituir un comportamiento inadecuado en tu vida?

6. ¿Por qué las personas inmorales, impuras o codiciosas no podrán heredar el reino (vv. 5-7)?

7. ¿Por qué se considera idólatras a esas personas?

8. En los versículos 8-14 Pablo contrasta la luz y las tinieblas para decir algo más sobre la vida santa. Según estos versículos, ¿qué significa «vivir como hijos de luz»?

9. ¿En qué aspectos luchas por vivir como hijo de luz?

10. A menudo equiparamos sabiduría con inteligencia. ¿Qué caracteriza a las personas sabias según los versículos 15-17?

11. Entonces, ¿cómo puedes vivir más sabiamente?

12. Con tus propias palabras, explica las características de los que son llenos del Espíritu (vv. 18-20).

13. Según la definición que da Pablo de la llenura, ¿en qué área necesitas más ser lleno del Espíritu?

Habla con Dios como un hijo con su padre. Dile cómo te gustaría imitarlo.

AHORA O DESPUÉS

Dedica algún tiempo a cantar al Señor con «salmos, himnos y canciones espirituales» (5:19). Escribe un salmo propio expresando a Dios tu gratitud hacia él por la vida que te ha llamado a vivir.

NUEVE

AMOR Y RESPETO

Efesios 5:21-33

La palabra *someterse* está rodeada de mucha conmoción y malentendidos. Así que intenta acercarte a este texto como si nunca lo hubieras visto antes. Intenta dejar a un lado tus propios prejuicios y ve lo que Pablo tiene que decir realmente sobre el tema de la sumisión.

Discusión en grupo. ¿Cómo reaccionas ante la idea de someterte a alguien?

Reflexión personal. ¿Cómo te ha demostrado Dios que es fiel y digno de confianza? Expresa tu agradecimiento por sus cuidados.

En este pasaje, Pablo considera cómo la relación entre Cristo y la iglesia puede ser un modelo para las esposas y los maridos. *Lee Efesios 5:21-33.*

1. ¿De qué manera el versículo 21 marca el tono de todo este pasaje?

2. ¿Cómo se ve afectada tu disposición a someterte a los demás por tu reverencia a Cristo?

3. Pablo dice que las esposas deben someterse a sus maridos como al Señor (v. 22). ¿Qué significa someterse al Señor?

4. ¿Por qué la sumisión de la iglesia al Señor es una ilustración útil de la sumisión de la esposa a su marido?

5. Si eres esposa, ¿cómo podría tu sumisión a tu marido parecerse más a tu sumisión a Cristo? (O si eres soltera, ¿cómo puedes aumentar tu sumisión a Cristo?)

6. ¿Significa la sumisión poner tu mente en blanco? Explica tu respuesta.

7. En el versículo 25, Pablo instruye a los esposos para que amen a sus esposas como Cristo amó a la iglesia. ¿Cómo ha demostrado Cristo su amor por la iglesia?

8. La palabra *amor* en 5:25 y 28 se utiliza para traducir la palabra griega *agapaō*, que significa «amor totalmente desinteresado y sacrificado». ¿Cómo deben los esposos mostrar amor a sus esposas (vv. 25-30)?

9. Si estás casado, ¿cómo podría tu amor por tu esposa parecerse más al amor de Cristo por la iglesia?

10. En el versículo 31, Pablo cita Génesis 2:24 para arraigar sus argumentos sobre la unidad del marido y la mujer en la propia creación. ¿Cómo resumen los versículos 31-33 su enseñanza sobre la unidad que debe existir entre esposas y esposos?

11. ¿Por qué crees que Pablo pide a las esposas que respeten a sus maridos mientras que a los maridos les pide que amen a sus esposas (v. 33)?

12. ¿Cómo puedes mostrar más amor y respeto a los demás?

Dile a Cristo en oración cómo te gustaría someter más plenamente tu vida a él. Si estás casado, habla con Dios sobre las formas en que él quiere cambiar la manera en que respondes a tu cónyuge.

AHORA O DESPUÉS

Parafrasea los versículos que describen cómo ama Cristo a la iglesia y todo lo que ha hecho por ella. Vuelve a leer tu paráfrasis y responde a Dios, diciéndole lo que esto significa para ti.

DIEZ

HONRAR Y OBEDECER

Efesios 6:1-9

Nuestros padres tienen un significado profundo en nuestras vidas, ¡aunque a veces pueden ser complicados! Y amamos a nuestros hijos con todo nuestro corazón, pero, ¡de vez en cuando, también pueden ser exasperantes!

Discusión en grupo. ¿Cómo describirías la relación que has tenido con tus padres?

Reflexión personal. Reflexiona sobre las mejores cualidades de tus padres (o de la paternidad en general). Considera cuáles de ellas has experimentado en tu relación con Dios. Dedica tiempo a darle las gracias.

En nueve versículos llenos de contenido, Pablo no solo profundiza en las importantes relaciones entre padres e hijos, sino también en las del mundo laboral. *Lee Efesios 6:1-9.*

1. ¿Cómo continúa este pasaje el tema de la sumisión mutua que comenzó en 5:21?

2. ¿Qué razones se dan para obedecer y honrar a los padres (vv. 1-3)?

3. En tu propia vida (o en la vida de otros), ¿cómo has visto cumplida la promesa dada a los que honran a sus padres?

4. ¿Es posible obedecer a los padres sin honrarlos? Explica tu respuesta.

5. ¿Cuáles son algunas formas prácticas de obedecer u honrar a tus padres?

6. ¿Cómo pueden los padres (y las madres) exasperar a sus hijos (v. 4)?

7. ¿Por qué contrasta Pablo hacer enojar a los hijos con educarlos «según la disciplina e instrucción del Señor» (v. 4)?

8. Si eres padre o madre, ¿qué puedes hacer esta semana para seguir más de cerca el versículo 4? (Si no eres padre, ¿cómo has visto el versículo 4 en acción?)

9. ¿Qué se implica sobre la forma en que los esclavos trabajaban para sus amos (vv. 5-8)?

10. ¿Cómo y por qué debían ser diferentes los esclavos cristianos?

11. ¿Cómo podrían vivirse los principios que Pablo esboza en los versículos 5-8 en situaciones en las que te has encontrado en el pasado o en el presente?

12. Pablo dice que los amos deben tratar a los esclavos como él quiere que los esclavos traten a los amos porque ambos tienen el mismo Amo en el cielo. ¿Por qué debería esto marcar una diferencia en la forma de tratar a los esclavos?

13. ¿Qué implicaciones tiene esto para la forma en que los empleadores tratan a los empleados?

14. ¿Cómo contribuye este pasaje al tema de la iglesia que glorifica a Dios mediante la unidad visible?

Ora para que en todo lo que hagas sirvas «de corazón... como quien sirve al Señor».

AHORA O DESPUÉS

Escribe una carta a tus padres expresándoles tu agradecimiento por todo lo que han sido y todo lo que han hecho por ti. Si tus padres no viven, escribe esa carta a Dios.

Escribe una carta a tus padres expresándoles todo lo que les perdonas. Escríbela, aunque no estén vivos. No envíes la carta, pero utilízala en la oración mientras le pides a Dios la capacidad de perdonar y de sanar allí donde hayas sido herido por tus padres.

ONCE

GUERRAS DE ORACIÓN

Efesios 6:10-24

En una guerra de balas, una puntería cuidadosa y una armadura pesada ganan las batallas. En una guerra de palabras, el discurso elocuente y las plumas afiladas vencen a la oposición. Pero si la lucha está fuera del ámbito de la vista, el oído y el tacto, ¿cómo se ganan las victorias?

Discusión en grupo. ¿Cómo respondes a la idea de que existen fuerzas espirituales en el universo que trabajan contra la voluntad de Dios?

Reflexión personal. ¿Cómo has visto recientemente que Dios te protege cuando te enfrentas a batallas espirituales?

En este estudio veremos cómo se libra la batalla definitiva y cómo se puede ganar. *Lee Efesios 6:10-24.*

1. En 6:10-12 Pablo hace hincapié en que nuestra lucha no es con la carne y la sangre. ¿Cómo ha enfatizado este mismo punto en otras partes de su carta?

2. ¿De qué manera percibes a tu alrededor una batalla con fuerzas y enemigos más que físicos?

3. En los versículos 11-14, Pablo insta a sus lectores a mantenerse firmes en la batalla contra el diablo en cuatro ocasiones. ¿De qué manera somos vulnerables a la inestabilidad como cristianos?

4. Cuando Pablo escribió Efesios, es posible que estuviera encadenado a un soldado romano (v. 20), lo que pudo haber inspirado su analogía en 6:13-17. ¿De qué manera nos prepara la «armadura de Dios» para la batalla espiritual?

5. ¿Qué parte de la armadura necesitas más para enfrentar tus batallas espirituales? Explica tu elección.

6. En 6:10-12 Pablo identifica a nuestro aliado y a nuestros enemigos en la batalla. En 6:13-17 considera nuestra preparación y tácticas. Ahora, según los versículos 18-20, ¿cómo se libra la batalla en sí? Explica tu respuesta.

7. En 6:18-20 Pablo exhorta a todo tipo de oraciones. ¿Cómo ha sido él un modelo de guerrero de la oración a lo largo de esta carta?

8. ¿Qué obstáculo principal encuentras para librar la batalla de la oración con mayor eficacia?

9. ¿Qué paso podrías dar para enfrentarte con firmeza a tus adversarios espirituales?

10. ¿Cómo se ha ampliado tu conciencia de los reinos espirituales a través de esta carta?

11. A lo largo de este estudio del libro de Efesios nos hemos referido a 1:9-10 con frecuencia. ¿Cómo se ha ampliado tu visión del plan y el propósito de Dios para el universo?

Dedica ahora un tiempo a orar sobre tu lucha en la guerra espiritual.

AHORA O DESPUÉS

Participar en la guerra no es divertido. ¿Qué temores tienes al pensar en lo que significa enfrentarte a la guerra espiritual? ¿Qué dudas albergas sobre la realidad de la batalla espiritual y los enemigos invisibles? Habla con Dios sobre la batalla y da gracias por la victoria a través de Jesucristo nuestro Señor.

NOTAS DEL LÍDER

Te basta con mi gracia.

2 CORINTIOS 12:9

Dirigir una discusión bíblica puede ser una experiencia agradable y gratificante. Pero también puede dar miedo, sobre todo si nunca lo has hecho antes. Si este es tu sentir, estás en buena compañía. Cuando Dios le pidió a Moisés que sacara a los israelitas de Egipto, él respondió: «¡Señor..., te ruego que envíes a alguna otra persona» (Éxodo 4:13). Lo mismo ocurrió con Salomón, Jeremías y Timoteo, pero Dios los ayudó a pesar de sus debilidades, y también te ayudará a ti.

No es necesario ser un experto en la Biblia o un profesor formado para dirigir una discusión bíblica. La idea que subyace a estos estudios inductivos es que el líder guíe a los miembros del grupo para que descubran por sí mismos lo que la Biblia tiene que decir. Este método de aprendizaje permitirá a los miembros del grupo retener mucho más de lo que se comparte, en comparación con una conferencia.

Estos estudios están diseñados para ser dirigidos con facilidad. De hecho, el flujo de preguntas a través del pasaje, de la observación a la interpretación y a la aplicación, es tan natural que puedes tener la sensación de que los estudios se guían solos. Esta guía de estudio también es flexible. Puedes utilizarla con una gran variedad de grupos: estudiantes, profesionales, vecinales o eclesiásticos. Cada estudio dura entre cuarenta y cinco y sesenta minutos en grupo.

Hay que conocer algunos datos importantes sobre la dinámica de grupo y el fomento de la discusión. Las sugerencias enumeradas a continuación deberían permitirte desempeñar de forma eficaz y amena tu papel como líder.

PREPARACIÓN DEL ESTUDIO

1. Pide a Dios que te ayude a comprender y aplicar el pasaje en tu propia vida. A menos que esto ocurra, no estarás preparado para dirigir a los demás. Ora también por los distintos miembros del grupo. Pide a Dios que abra sus corazones al mensaje de su Palabra y los motive a la acción.

2. Lee la introducción de la guía completa para tener una visión general de todo el libro y de los temas que se explorarán.

3. Al comenzar cada estudio, lee y relee el pasaje bíblico asignado para familiarizarte con él.

4. Esta guía de estudio se basa en la Nueva Versión Internacional de la Biblia. Te ayudará a ti y al grupo si utilizas esta traducción como base para tu estudio y discusión.

5. Analiza cuidadosamente cada una de las preguntas del estudio. Dedica tiempo a meditar y reflexionar mientras consideras cómo responder.

6. Escribe tus pensamientos y respuestas en el espacio proporcionado en la guía de estudio. Esto te ayudará a expresar con claridad tu comprensión del pasaje.

7. Puede resultarte útil tener al alcance un diccionario bíblico. Utilízalo para buscar cualquier palabra, nombre o lugar que no te resulte familiar.

8. Piensa en cómo puedes aplicar la Escritura a tu vida. Recuerda que el grupo seguirá tu ejemplo a la hora de responder a los estudios. Ellos no profundizarán más que tú.

9. Una vez que hayas terminado tu propio estudio del pasaje, familiarízate con las notas del líder para el estudio que estás dirigiendo. Éstas están diseñadas para ayudarte de diversas maneras. En primer lugar, indican el propósito que el autor de la guía de estudio tenía en mente al escribir el estudio. Tómate tu tiempo para pensar en cómo las preguntas del estudio funcionan juntas para lograr ese propósito. En segundo lugar, las notas proporcionan información de fondo adicional o sugerencias sobre la dinámica de grupo para varias preguntas. Esta información puede ser útil cuando la gente tenga dificultades para entender o responder a una pregunta. En tercer lugar, las notas del líder pueden alertarte sobre posibles problemas que puedas encontrar durante el estudio.

10. Si deseas recordar algo mencionado en las notas del líder, escribe una nota personal debajo de esa pregunta del estudio.

DIRECCIÓN DEL ESTUDIO

1. Comienza el estudio a tiempo. Inicia con una oración, pidiendo a Dios que ayude al grupo a comprender y aplicar el pasaje.

2. Asegúrate de que todos los miembros del grupo disponen de una guía de estudio. Anima al grupo a prepararse de antemano para cada discusión leyendo la introducción de la guía y trabajando con las preguntas del estudio.

3. Al inicio de la primera reunión, explica que estos estudios están diseñados para fomentar la discusión, no para impartir conferencias. Estimula a los miembros del grupo a participar. Sin embargo, no presiones a aquellos que puedan mostrarse vacilantes a la hora de hablar durante las primeras sesiones. Puedes sugerir al grupo las siguientes directrices.

- Limítate a tratar el tema.
- Tus respuestas deben fundamentarse en los versículos que constituyen el centro de la discusión y no en autoridades externas como comentarios u oradores. Estos estudios se centran en un pasaje concreto de las Escrituras. Solo en algunas ocasiones podrás referirte a otras porciones de la Biblia. Esto permite que todos participen en el estudio en profundidad en igualdad de condiciones.
- Todo lo dicho en el grupo se considera confidencial y no se comentará fuera del grupo a menos que se dé un permiso específico para hacerlo.
- Nos escucharemos atentamente unos a otros y daremos tiempo para que cada persona presente pueda hablar.
- Oraremos unos por otros.

4. Pide a un miembro del grupo que lea la introducción al inicio de la discusión.

5. Todas las sesiones comienzan con una pregunta para discutir en grupo. La pregunta o actividad está pensada para ser utilizada antes de la lectura del pasaje. La pregunta introduce el tema del estudio y anima a los miembros del grupo a empezar a abrirse. Anima a participar al mayor número posible de miembros y prepárate para poner en marcha la discusión con tu propia respuesta.

Esta sección está diseñada para revelar dónde nuestros pensamientos o sentimientos necesitan ser transformados por las Escrituras. Por eso es especialmente importante no leer el pasaje antes de plantear la pregunta de debate. El pasaje tendrá la tendencia a matizar las reacciones que la gente daría de otro modo porque, por supuesto, se supone que piensan como lo hace la Biblia.

Quizá desees complementar la pregunta de debate en grupo con un rompehielos para ayudar a la gente a sentirse cómoda.

También puedes utilizar la pregunta de reflexión personal con tu grupo. Concede un tiempo de silencio para que la gente responda individualmente o discútela en grupo.

6. Pide a un miembro del grupo (o a otros miembros si el pasaje es largo) que lea en voz alta el pasaje que se estudiará. A continuación, concede a las personas unos minutos para volver a leer el pasaje en silencio para que puedan comprenderlo todo.

7. La pregunta 1 suele ser una cuestión general destinada a revisar brevemente el pasaje. Anima al grupo a examinar todo el texto, pero procura evitar que se desvíen con preguntas o temas que se abordarán más adelante en el estudio.

8. Cuando formules las preguntas, ten en cuenta que están diseñadas para ser utilizadas tal y como están escritas. Puedes limitarte a leerlas en voz alta. O quizá prefieras expresarlas con tus propias palabras.

Habrá ocasiones en las que sea conveniente desviarse de la guía de estudio. Por ejemplo, es posible que una pregunta ya haya sido respondida. Si es así, pasa a la siguiente pregunta. O puede que alguien plantee un interrogante importante no contemplado en la guía. Toma tiempo para discutirlo, pero intenta que el grupo no se desvíe del tema.

9. Evita contestar tus propias preguntas. Si es necesario, repítelas hasta que se comprendan claramente. O señala algo que hayas leído en las notas del líder para aclarar el contexto o el significado. Un grupo impaciente se vuelve rápidamente pasivo y silencioso si piensa que el líder será el que más hable.

10. No sientas miedo ante el silencio. La gente puede necesitar tiempo para pensar en la pregunta antes de formular sus respuestas.

11. No te conformes con una sola respuesta. Pregunta: «¿Qué piensan los demás?» o «¿Algo más?» hasta que algunas personas hayan respondido a la pregunta.

12. Reconoce todas las contribuciones. Intenta ser afirmativo siempre que sea posible. Nunca rechaces una respuesta. Si está claramente fuera de lugar, pregunta: «¿Qué versículo te ha llevado a esa conclusión?» o de nuevo: «¿Qué opinan los demás?».

13. No esperes que todas las respuestas vayan dirigidas a ti, aunque es probable que esto ocurra al principio. A medida que los miembros del grupo se sientan más cómodos, empezarán a interactuar de verdad entre ellos. Éste es uno de los indicios de una discusión saludable.

14. No temas la controversia. Puede resultar muy estimulante. Si no se resuelve una cuestión por completo, no te frustres. Sigue adelante y tenlo en cuenta para después. Un estudio posterior puede resolver el problema.

15. Resume periódicamente las reflexiones del grupo sobre el pasaje. Esto ayuda a unir las diversas ideas mencionadas y da continuidad al estudio. Pero no prediques.

16. Al final de la discusión bíblica, puedes conceder a los miembros del grupo un tiempo de silencio para trabajar en una idea bajo el epígrafe «Ahora o después». A continuación, discutan lo experimentado. O puede que desees animar a los miembros del grupo a trabajar en estas ideas entre las reuniones. Brinda oportunidad durante la sesión para que la gente hable de lo que está aprendiendo.

17. Finaliza el tiempo juntos con una oración conversacional, adaptando la sugerencia de oración del final del estudio al grupo. Solicita la ayuda de Dios para cumplir los compromisos que han adquirido.

18. Finalicen a tiempo.

COMPONENTES DE LOS GRUPOS PEQUEÑOS

Un grupo pequeño saludable debe hacer algo más que estudiar la Biblia. Hay cuatro componentes que debes tener en cuenta a la hora de estructurar su tiempo juntos.

Crecimiento. Los grupos pequeños nos ayudan a profundizar en nuestro conocimiento y amor por Dios. El estudio bíblico es fundamental para lograr esto y constituye la base de tu grupo pequeño.

Comunidad. Los grupos pequeños son un gran lugar para desarrollar amistades profundas con otros cristianos. Da tiempo para la interacción informal antes y después de cada estudio. Planifica actividades y juegos que los ayuden a conocerse. Pasen tiempo divirtiéndose juntos: yendo de picnic o cocinando juntos la cena.

Adoración y oración. El estudio se verá enriquecido si pasan tiempo alabando a Dios juntos en oración o cantando. Oren por las necesidades de los demás y lleven un registro de cómo Dios está respondiendo a la oración en el grupo. Pidan a Dios que los ayude a aplicar lo que están aprendiendo en su estudio.

Evangelización. Alcanzar a otros puede ser una forma práctica de aplicar lo que están aprendiendo, y evitará que su grupo se centre solo en sí mismos. Organiza una serie de conversaciones evangelísticas para tus amigos o vecinos. Limpien juntos el jardín de un amigo anciano. Sirvan juntos en un comedor social o pasen un día trabajando en una asociación.

ESTUDIO 1. EFESIOS 1:1-14. EL PROPÓSITO DE DIOS.

PROPÓSITO: Considerar el plan y el propósito de Dios para toda la historia y toda la creación, y las bendiciones que nos ha dado como parte de ese plan.

Discusión en grupo. Solo para grupos. Asegúrate de tener preparado un juego de pequeñas hojas de papel (que parezcan todas iguales). Si es necesario, informa a los miembros del grupo que la intención es conocerse mejor, no ver si pueden disfrazar su identidad. Los miembros del grupo deben ser sinceros sobre sus dudas y preguntas.

Reflexión personal. Estas ideas están pensadas para individuos que desean tener una experiencia más meditativa o devocional. Si diriges un grupo, también podrías conceder un tiempo de silencio para que los miembros oren de este modo mientras se acercan a la presencia de Dios.

Pregunta 1. Esta es una pregunta de observación en la que se piden privilegios específicos y beneficios que nos pertenecen en Cristo.

Pregunta 3. Fíjate en palabras y frases como «la voluntad de Dios», «escogió», «predestinó», «según el plan» y «al designio de su voluntad».

Pregunta 4. Aunque la alabanza no se limita a lo emocional, el vigor de este pasaje muestra que Pablo experimenta una respuesta emocional profunda. Este énfasis puede ser especialmente relevante para quienes tienden a intelectualizar su fe o a reducirla a una simple serie de verdades proposicionales.

Pregunta 5. Intenta que la discusión no se convierta en una sesión sobre la predestinación frente al libre albedrío. Céntrate más bien en lo que dice el pasaje. ¿Qué significa ser elegido? Por ejemplo, Efesios dice que la predestinación afecta a nuestra condición en Cristo. No dice que cada faceta de cada una de nuestras acciones esté controlada y predestinada por Dios.

Los versículos 11-14 también muestran que la predestinación no limita necesariamente el alcance o la disponibilidad de la salvación. «En Cristo también [los judíos] fuimos hechos herederos… En él también ustedes… fueron marcados con el sello que es el Espíritu Santo prometido. Y ustedes [los gentiles] también fueron incluidos en Cristo».

La *adopción* era una costumbre romana (no judía) que enfatiza que nuestra condición se debe únicamente a la voluntad del adoptante y no a ningún derecho que hayamos heredado por nacimiento. Muy al inicio de su carta, Pablo habla sobre la condición de igualdad de judíos y gentiles en el reino.

Pregunta 6. El versículo 10 no debe confundirse con el apoyo al universalismo, es decir, la creencia de que todos se salvarán. Más bien, enseña que Cristo reinará sobre toda la creación.

Pregunta 8. ¡Dios hace esto «según el buen propósito de su voluntad»! Observa también palabras con mucho significado como *abundancia* (v. 8).

Pregunta 9. La gloria de Dios es evidente cuando Dios se revela o se da a conocer. Vivir para alabar su gloria es, pues, vivir y adorar a Dios con palabras y obras. También es llevar a los demás a conocerlo mejor y a alabarlo. Así pues, la alabanza y la evangelización están estrechamente ligadas, al igual que la alabanza y el estudio.

ESTUDIO 2. EFESIOS 1:15-23. «SIGO PIDIENDO».

PROPÓSITO: Ver el modelo de oración que Pablo nos ofrece al interceder por la iglesia.

Discusión en grupo. Por supuesto que Dios no es un genio que cumple mágicamente nuestras órdenes. El objetivo de la pregunta es más bien ayudar a la gente a ponerse en contacto con sus anhelos profundos. He aquí otra pregunta de apertura que puedes utilizar antes de empezar: «Cuando oras por otros cristianos, ¿cómo sueles hacerlo? Pon algunos ejemplos concretos».

Pregunta 1. El pasado puede verse en los versículos 15 y 20. El presente en los versículos 16-17 y 21-23. El futuro en los versículos 18-21.

Pregunta 3. Observa que Pablo se centra en la sabiduría, la revelación y el conocimiento. (Pero no te obsesiones con las diferencias entre ellos). Fíjate también en el rico lenguaje del versículo 18. Discute por qué elige estas cualidades en particular.

Pregunta 6. Algunos eruditos han opinado que 1:23 indica que la iglesia completa a Cristo. Pero lo contrario es la interpretación más natural y es más coherente con el resto de la carta (véase 4:9-16). Cristo hace de la iglesia una expresión completa de su poder, posición y persona. La iglesia es el centro del gobierno de Cristo sobre toda la creación.

Pregunta 8. De vez en cuando las preguntas enlazarán pasajes previamente estudiados. Puede que necesites tomarte un tiempo para repasar este material, especialmente si no todos estuvieron presentes. Es importante observar cómo se enlazan los temas para adquirir perspectiva sobre el libro en su conjunto.

Pregunta 9. Los versículos 1-14 contienen una oración de acción de gracias y los versículos 15-23 son una oración de intercesión que brota naturalmente de la alabanza.

ESTUDIO 3. EFESIOS 2:1-10. SUBLIME GRACIA.

PROPÓSITO: Analizar la forma en la que Dios nos ha sacado de la muerte a la vida por las riquezas de su gracia.

Pregunta 2. Esta pregunta pretende dar cuerpo a las palabras de los versículos 1-3. Quizá necesites tomar una frase como «impulsados por nuestros deseos pecaminosos, siguiendo nuestra propia voluntad y nuestros propósitos» y preguntar qué pruebas de ello ha visto el grupo en sus propias vidas o en el mundo y cuáles han sido los efectos perjudiciales. Modelar la honestidad en la aplicación de las Escrituras es una de las mejores maneras de hacer que los miembros del grupo respondan con honestidad.

Pregunta 3. Ayuda al grupo a examinar detenidamente la motivación de Dios. Hay verdades maravillosas en este pasaje que podemos pensar que entendemos. Las cosas que sí entendemos tenemos tendencia a darlas por sentadas.

Pregunta 5. Ayuda al grupo a observar en ambos pasajes lo que le ocurrió a Cristo y lo que les ocurrió a los cristianos.

Pregunta 6. Efesios 2:5-6 se refiere a Cristo «vivificado», «resucitado» y «sentado». El Credo de los Apóstoles lo formula de esta manera: «Al tercer día resucitó. Subió al cielo y está sentado a la diestra del Padre». Pero lo que resulta tan extraordinario en Efesios es que Pablo no sólo escribe sobre Cristo, sino también sobre nosotros. Ahora compartimos una unión con Cristo que gobierna en los lugares celestiales.

A estas alturas, el grupo debería estar empezando a comprender que Efesios 1:9-10 es el núcleo de toda la carta. Dios está sometiendo todo en el universo a Cristo, y por su amor y misericordia ha elegido graciosamente empezar con nosotros, su pueblo, como señal del cumplimiento completo de su propósito que aún está por llegar.

Pregunta 10. Recibimos «el regalo de Dios» mediante la fe. Por tanto, participamos activamente mientras Dios nos salva.

Pregunta 11. Esta no es una pregunta fácil. ¿Pueden las buenas obras ser una parte importante y necesaria de nuestras vidas sin ser la base de nuestra salvación? Deja que la discusión fluya libremente, pero devuelve la atención del grupo al pasaje cuando sea necesario.

Preguntas 12-13. Si el grupo interactúa reflexivamente con estas preguntas puede dar lugar a un debate apasionante y significativo. Es una forma de pensar en cómo formamos parte del cumplimiento del propósito de Dios. Muy a menudo pensamos que nuestras vidas carecen de importancia. A veces a la gente le resulta difícil hablar de las buenas obras en las que saben que participan porque puede sonar a vanagloria. Pero son las buenas obras de Dios y él nos ha preparado para hacerlas. Simplemente estamos reconociendo lo que él está haciendo y la gloria es suya.

ESTUDIO 4. EFESIOS 2:11-22. SOMOS UNO.

PROPÓSITO: Analizar que la muerte de Cristo no solo nos reconcilió con Dios, sino también entre nosotros, y considerar las implicaciones de esto.

Pregunta 1. Toda la carta es increíblemente rica en imágenes y lenguaje metafórico. En este pasaje especialmente, Pablo apenas puede sacar una idea sin utilizar algún tipo de analogía con la distancia geográfica, las estructuras físicas, las nuevas personas, los tratados de paz y cosas por el estilo. Si quieres que el grupo entienda a Pablo, tienen que entender sus imágenes.

Pregunta 2. Según *New Bible Commentary*:

> La primera sección llama a los lectores predominantemente gentiles-cristianos a recordar su antigua condición como seres ajenos al pueblo de Dios. Eran entonces lo que muchos judíos llamarían «la incircuncisión». La circuncisión era el sello del pacto con Israel y, por tanto, lo que distinguía a los judíos del resto del mundo. El judaísmo podía así referirse a sí mismo como la *circuncisión*, es decir, «el pueblo del pacto con Dios», y descalificar al resto del mundo, que quedaba fuera del pacto, como «la incircuncisión». No se trataba de que sólo los judíos practicaran esa operación quirúrgica menor (otros semitas también lo hacían), sino de su significado como rito de entrada en el pacto mosaico.
>
> Pablo comienza su descripción de la posición anterior de los gentiles utilizando el lenguaje que cualquier judío utilizaría para señalar su condición como «ajenos». Sin embargo, está igualmente claro que Pablo no está realmente contento con esta forma de plantear las cosas, y siente que necesita matizarla aclarando que judíos son solo *los que se llaman a sí mismos «la circuncisión»*. Para Pablo, la suya es una circuncisión meramente realizada por hombres, porque, para él, su circuncisión a menudo no es más que un acto quirúrgico externo, y la relación con Dios que se supone que simboliza no se ha convertido en una realidad interna obrada por Dios. Para Pablo, es la familia de la *fe* la que realmente cumple con el propósito que la circuncisión simboliza en su relación con Dios (véase Romanos 2:28-29). Esto es aún más cierto en el caso de los cristianos (Filipenses 3:3; Colosenses 2:11). (G. J. Wenham et al., eds. [Downers Grove, Ill.: InterVarsity Press, 1994], p. 1230)

Anima al grupo a pensar en los cristianos con los que discrepan sobre doctrina o práctica, aunque se trate de un desacuerdo «amistoso». Creamos categorías como carismáticos frente a no carismáticos y reformados frente a dispensacionalistas. O quizá blanco frente a negro, católico frente a protestante, Mayoría Moral frente a pacifistas cristianos, estén entre los conflictos mencionados. Puede que también haya otros que se acerquen más a las preocupaciones de su grupo. Hay muchas formas en las que los cristianos se dedican a insultar hoy en día.

Otra forma de verlo o de plantearse la pregunta es: «¿En qué tipo de cajas metemos a otros cristianos?». A veces decimos despectivamente que alguien hace «tal o cual cosa» o cree «tal o cual cosa» cuando ni siquiera lo hemos discutido con esa persona para averiguar lo que realmente hace o cree.

Pregunta 3. Richard Foulkes escribe:

> Los judíos fueron nombrados el pueblo de Dios. Los gentiles no lo eran. Los judíos eran la Circuncisión o el pueblo cuyos hombres tenían en ellos la marca del pacto de Dios. Los gentiles eran llamados la incircuncisión. Los gentiles estaban sin Cristo y sin la esperanza del Mesías. Estaban apartados de la comunión y los privilegios de los que se llamaban a sí mismos el pueblo de Dios. Estaban casi totalmente fuera de los privilegios espirituales de Israel. Por último, Pablo dice que estaban sin Dios. La palabra griega aquí (*atheoi*) no significa que se negaran a creer en Dios, o que fueran abandonados por Dios, o impíos en su conducta, sino que no tenían un conocimiento real de Dios. Algunos buscaban al Único en la filosofía; otros intentaban entrar en el redil del judaísmo. Pero en general los gentiles tenían que vivir en el mundo vidas limitadas por las cosas del mundo, y tenían que enfrentarse a las pruebas y penas y perplejidades del mundo sin el conocimiento de Dios para interpretar el conjunto. (*The Epistle of Paul to the Ephesians*, Tyndale New Testament Commentaries [Grand Rapids, Mich.: Eerdmans, 1956], pp. 78-80)

Pregunta 4. Según *New Bible Commentary*:

> Ahora, *en Cristo* (13), su situación ha cambiado radicalmente, y Pablo elige una metáfora bíblica común para expresar el contraste. La imaginería de lo *cercano* y lo *lejano* tiene su origen en Isaías 57:19, y domina la descripción de Pablo hasta los vv. 17-18 (donde de hecho utiliza la formulación de Isaías). En el v. 13, sin embargo, emplea el lenguaje de un modo que refleja más fielmente un uso especial del mismo en el judaísmo contemporáneo. El verbo «acercar» se había convertido en un término para hacer prosélito a un no judío y unirlo así a la congregación de Israel. Esto convertía a la persona en cuestión en «cercana» en dos sentidos, ambos atestiguados en el judaísmo. Él o ella se convierte en «cercano» al resto del pueblo de Dios y «cercano» al Dios al que el pueblo está «cerca». Tienen acceso al templo (el lugar especial de la presencia divina) y al Dios que estaba presente de forma más general entre su pueblo. Como veremos, Pablo está pensando en un pueblo de Dios transformado y en un templo celestial, pero por lo demás su imaginería en el v. 13 es similar. (p. 1231)

Por supuesto, esta verdad se refiere no solo a los cristianos judíos y gentiles, sino a todos los cristianos de hoy. No debemos estar divididos de los demás cristianos. La muerte de Cristo nos ha acercado a Dios y entre nosotros, el pueblo de Dios.

Pregunta 7. Había un «muro de enemistad que… separaba» literal (2:14) en Jerusalén. El patio de los gentiles estaba separado del Templo propiamente dicho por un muro de piedra. Este muro tenía un letrero en el que se prohibía la entrada a cualquier extranjero bajo pena de muerte.

Pregunta 8. La cuestión, por supuesto, es ¿cuál es el evangelio esencial? ¿Qué requisitos mínimos, si los hay, se deben cumplir para que podamos decir que alguien está en comunión con nosotros? ¿Somos culpables de crear barreras artificiales hacia Dios como algunos cristianos judíos que exigían a los cristianos gentiles que se circuncidaran? Pide al grupo que sea sincero. Casi todos tenemos alguna noción de lo que significa ser un «verdadero» cristiano basada en requisitos extrabíblicos.

ESTUDIO 5. EFESIOS 3. PRISIONERO Y PREDICADOR.

PROPÓSITO: Examinar el propósito de la iglesia y su papel en el cumplimiento del plan de Dios.

Pregunta 2. Según *Dictionary of Biblical Imagery*:

> Efesios da a conocer a sus lectores un secreto cósmico, un «misterio», un capítulo del plan escatológico de Dios que fue trazado «antes de la fundación del mundo» (1:4), que antes estaba oculto y ahora ha sido revelado en Cristo. Este misterio ha sido dado a conocer a Pablo por una revelación (Efesios 3:3) —aunque también ha sido revelado a otros apóstoles y profetas por el Espíritu (Efesios 3:5)— y los dos primeros capítulos de Efesios despliegan la comprensión del misterio por parte de Pablo (Efesios 3:4). El esquema esencial del misterio es que los gentiles son ahora coherederos, miembros del mismo cuerpo, partícipes de la promesa con los israelitas creyentes que han seguido a Jesucristo (Efesios 3:6). Pero el misterio incluye una dimensión vertical, la unión de Cristo con su Iglesia, un «gran misterio» (Efesios 5:32). El misterio no ha sido revelado a los poderes cósmicos, pero ahora se levanta la cortina y se les revela. Los «gobernantes y autoridades» son espectadores mientras la sabiduría del drama cósmico del Dios creador se representa ahora en la historia de la

iglesia». (Leland Ryken, James C. Wilhoit y Tremper Longman III, eds. [Downers Grove, Ill.: InterVarsity Press, 1998], pp. 240-41)

Pregunta 5. A lo largo del libro de Efesios, seguiremos viendo diferentes aspectos del propósito general de Dios para el mundo. En ocasiones volveremos nuestra atención a Efesios 1:9-10, donde dicho propósito de Dios se expone con tanta claridad.

Pregunta 6. Los judíos que lo arrestaron reaccionaron contra el tipo de enseñanza que Pablo acaba de expresar en Efesios 2. A saber, Jesús ha abolido los elementos divisorios de la ley y está creando un nuevo pueblo y construyendo un nuevo templo.

Pregunta 9. En el griego original de 3:14-15 hay un juego de palabras, ya que «Padre» es *pater* y «familia» es *patria*. Así que Pablo podría querer decir: «Me arrodillo ante el padre, la fuente de la paternidad». También podría enfatizar de nuevo la unidad de linaje que tanto judíos como gentiles tienen juntos, que ser de la «descendencia de Abraham» no es tan crucial como ser hijo de Dios.

ESTUDIO 6. EFESIOS 4:1-16. UNIDAD Y SINGULARIDAD.

PROPÓSITO: Ver el lugar de la unidad y de los dones únicos en el cuerpo de Cristo.

Pregunta 5. En *The Message of Ephesians,* John Stott escribe: «Mantener la unidad de la iglesia debe significar mantenerla visiblemente. He aquí una exhortación apostólica para que conservemos en relaciones concretas reales de amor... esa unidad que Dios ha creado y que ni el hombre ni el demonio pueden destruir» ([Downers Grove, Ill.: InterVarsity Press, 1979], p. 152).

Pregunta 6. La explicación se incluye antes de formular esta pregunta para evitar confusiones sobre un pasaje muy oscuro. Si los miembros siguen teniendo preguntas, pregunta si podrían discutirse después del estudio. Por ahora, céntrate en lo que podemos extraer de estos versículos: Cristo puede dar y da a su pueblo dones únicos.

Pregunta 7. Según el *New Bible Dictionary,* en el Nuevo Testamento hay nueve palabras griegas para «don». Algunas de ellas se refieren a nuestros dones a Dios, otras a nuestros dones mutuos. Una palabra clave es *charisma*: «Su uso característico es para los "dones espirituales", es decir, los dones que el Espíritu Santo imparte a determinadas personas. Todo el mundo tiene un don de este tipo (1 Pedro 4:10), pero los dones específicos están reservados a los individuos (1 Corintios 12:30), y los individuos dotados de estos dones son a su vez "dones" para la iglesia (Efesios 4:7 ss.). Los pasajes importantes son Romanos 12:6 ss.; 1 Corintios 12:4-11, 28-30; 14; Efesios 4:11 ss.» (p. 411).

Dado que Pedro afirma que «Cada uno... [debe poner] al servicio de los demás el don que haya recibido» (1 Pedro 4:10), sin duda vale la pena pedir al Espíritu Santo que te revele cuáles son tus dones. Los amigos de tu comunidad cristiana podrían darte su opinión sobre lo que han observado en ti. Comprender cuáles son tus dones espirituales y cómo los está utilizando Dios en la iglesia y en el mundo contribuirá a tu vida de ministerio.

Ninguna de las listas de dones que aparecen en los pasajes del Nuevo Testamento está completa. Se han intentado varias clasificaciones de los dones, pero lo más sencillo es dividirlos en dos categorías principales: los que capacitan a sus poseedores para el ministerio de la Palabra, como los apóstoles, profetas y maestros, y los que los equipan para el servicio práctico, como la administración, la hospitalidad y la generosidad.

Ciertamente podrían mencionarse otros dones además de los que figuran en Efesios 4. Pero en general ten cuidado de que toda tu discusión no se centre en este punto. ¿Cómo sabes que tienes estos dones? ¿Cómo puedes desarrollarlos? Y así sucesivamente.

Si tu grupo no tiene antecedentes en la reflexión sobre los dones espirituales no es necesario que les dediques mucho tiempo ahora. Podrías compartir algunas de las reflexiones anteriores y darles las referencias para que las estudien. Tal vez desees continuar con este tema en otra reunión designada a tal efecto.

Pregunta 10. Si dispones de poco tiempo, podrías saltarte esta pregunta.

ESTUDIO 7. EFESIOS 4:17-32. ALGO VIEJO, ALGO NUEVO.

PROPÓSITO: Considerar la pureza de conducta y comunicación necesarias para mantener la unidad en el cuerpo de Cristo.

Pregunta 2. El pasaje tiene esencialmente dos mitades. Las preguntas 2-6 cubren los versículos 17-24. Las preguntas 7-12 cubren los versículos 25-32.

Pregunta 3. Esta es una pregunta de aplicación que podría ser difícil de responder por un par de razones. En primer lugar, no es fácil admitir ante los demás que hemos experimentado «dureza de corazón» aunque sepamos que lo hemos hecho. En segundo lugar, puede que no sepamos que nuestro corazón se está endureciendo, si es que lo está. La dureza de corazón, como vemos en este pasaje, no se produce de la noche a la mañana. Es un proceso lento y sutil. Comienza cuando permitimos que permanezcan en nuestra mente pensamientos que no honran a Dios o que nos separan de él. Luego perdemos la sensibilidad a las cosas de Dios y la forma en que él quiere que vivamos. Luego viene la entrega de nosotros mismos a la sensualidad y la impureza: «con un continuo deseo de más».

Es posible experimentar momentos o etapas de dureza en el corazón hacia Dios, pero también se puede salir de ellos. O es posible continuar en el proceso que finalmente termina con nuestra entrega a la vida sensual e impura. Pablo insiste en que los cristianos no deben vivir así. Así que es importante que el seguidor de Jesús esté alerta a los pasos iniciales que conducen a la dureza de corazón y que se resista a ir por ese camino y, por lo tanto, es útil discutir nuestra propia experiencia con la dureza de corazón.

Pregunta 4. El mandamiento de despojarnos de nuestro viejo yo (nuestra vida antes de Cristo) cuando ya hemos sido hechos nuevos en Cristo es paralelo al mandato de mantener la unidad cuando ya somos uno (4:34). Debemos actuar visiblemente sobre la realidad espiritual de ser nuevas criaturas en Cristo desechando nuestras viejas formas de vida.

Despojarse del viejo yo es elegir no vivir más como los gentiles, en la futilidad de su *pensamiento* (v. 17). Es despojarse de la vieja manera de pensar y pensar de forma diferente, como Dios quiere que pensemos. Es en la actitud de nuestra mente donde somos hechos nuevos. Romanos 12:2 dice: «sean transformados mediante la renovación de su mente». Es contrastar nuestra insensatez con la sabiduría de Dios.

Pregunta 6. No te obsesiones con rellenar el esquema en detalle ni te molestes por saber exactamente dónde va cada pieza. De hecho, si cada persona hiciera su propia lista, probablemente ninguna de ellas se parecería. El propósito de la pregunta es dar a la gente una idea de lo que, de otro modo, podría parecer una gran variedad de instrucciones inconexas. Es importante lidiar con los comportamientos que Pablo les ha ordenado que se pongan y se quiten. Considerar las razones que hay detrás de sus instrucciones puede reforzar la motivación para hacer lo que dice.

ESTUDIO 8. EFESIOS 5:1-20. VIVIR EN AMOR, VIVIR EN LUZ.

PROPÓSITO: Seguir examinando lo que significa para nosotros vivir dignamente de nuestra vocación.

Preguntas 6-7. Podría surgir cierta confusión en tu grupo sobre los versículos 5-6. Estos versículos pueden parecer implicar que nos salvamos por las obras aparte de la fe. En 5:3-4 Pablo está hablando de actos individuales que deben evitarse. En el versículo 5 cambia de los actos individuales a la persona en su totalidad, condenando un modo de vida completo, una orientación entera alejada de la voluntad de Dios. Ya había hablado de ese tipo de personas en 2:1-3 y 4:17-19. La «persona inmoral, impura o codiciosa» no es condenada por actos pecaminosos aislados, sino por su estilo de vida.

¿Por qué plantearía Pablo tal cuestión si se dirige prioritariamente a los cristianos? Probablemente estaba enfrentando la creencia protognóstica, bastante prevalente en esa época, de que los pecados eran irrelevantes para el estado espiritual de una persona. Sin duda, muchos de sus lectores estaban influidos por ese pensamiento. Por eso enfatiza: «Que nadie los engañe». Obviamente, un idólatra es aquel cuya vida no está regida por Dios sino por alguna otra pasión. Por definición, entonces, aquel cuyo estilo de vida es idólatra está apartado de Dios y sujeto a su ira. No habrá necesidad de entrar en esta cuestión, por supuesto, si no surge o si tu grupo no está preocupado por ella.

Pregunta 10. No te dejes distraer por ideas preconcebidas sobre lo que significa estar «lleno del Espíritu». Centra la atención del grupo en lo quc Pablo dice que significa.

Ahora o después. Trae himnarios u hojas de canciones al estudio para que el grupo pueda utilizar. O canta canciones que todos conozcan de memoria. Si tienes un guitarrista en el grupo o un piano disponible, utilízalos. Si tu grupo no está formado por cantantes, haz como sugiere Pablo y «háblense unos a otros con salmos, himnos y canciones espirituales».

ESTUDIO 9. EFESIOS 5:21-33. AMOR Y RESPETO.

PROPÓSITO: Considerar cómo la relación entre Cristo y la iglesia puede ser un modelo para esposas y esposos.

Nota general. Abrocha tu cinturón; es muy probable que éste sea tu estudio más polémico. Pero no tengas miedo de la controversia en sí ni de las fuertes diferencias de opinión. Intenta presentar una atmósfera de apertura y disposición a escuchar a todas las partes. Sin embargo, no dudes en pedir a la gente que fundamente sus argumentos en el pasaje. Tu objetivo es ver lo que Pablo dice aquí y no aportar un sinfín de recursos y opiniones externas. Antes de empezar, ¡quizá quieras recordar a todos que se apeguen al pasaje!

Pregunta 1. Las instrucciones de Pablo tanto para los maridos como para las esposas se dan en el contexto de la sumisión mutua (5:21), aunque Pablo ve que esto se lleva a cabo de diferentes maneras. Sin embargo, la sumisión en ambos casos consiste en considerar a los demás mejores que uno mismo. Pablo pide tanto a los maridos como a las esposas que lo hagan. Los maridos se someten especialmente a sus esposas amándolas y sacrificando lo que sea necesario para satisfacer sus necesidades; las esposas se someten especialmente a sus maridos respetándolos y honrándolos como su cabeza (véanse las preguntas 11-12).

Pregunta 2. Aunque este estudio trata de la relación matrimonial, hay aplicaciones a nuestra relación con Cristo (preguntas 2 y 5) y a cualquier persona del cuerpo de Cristo (v. 12). Debes ser sensible con los solteros del grupo e intenta que se sientan incluidos en el estudio.

Preguntas 5, 9. Te sugerimos que dejes claro al grupo cuándo una pregunta se dirige a las mujeres y cuándo se dirige a los hombres. No permitas que un sexo hable en nombre del otro ni que lo evalúe. Esto es coherente con el hecho de que Pablo se dirija a los maridos y a las esposas por separado.

Observa que los versículos 22-24 son instrucciones para *las esposas* sobre cómo deben comportarse en el matrimonio. No son instrucciones a los maridos sobre cómo deben hacer que sus esposas se comporten o sobre lo que tienen derecho a esperar como maridos. Del mismo modo, los versículos 25-30 son instrucciones a *los maridos* sobre cómo deben comportarse en el matrimonio. No son instrucciones para las esposas sobre cómo deben hacer que sus maridos se comporten o sobre lo que tienen derecho a esperar como esposas. Pablo hace hincapié en las responsabilidades de cada uno y no hace ningún comentario sobre los derechos de ninguno de los dos. Por eso esperamos que en las preguntas 5 y 9 los hombres no respondan cuando se dirige a las mujeres o viceversa. La intención es que ambos consideren por sí mismos cuáles son sus responsabilidades y cómo responder.

Pregunta 11. En el versículo 33 Pablo resume las diferentes responsabilidades de cada cónyuge. Quizá la razón de la diferencia sea que, aunque todos los seres humanos necesitan tanto amor como respeto, las mujeres tienden a sentir más necesidad de amor y los hombres de respeto. Del mismo modo, a menudo es más fácil para las mujeres dar amor y para los hombres dar respeto. Así que Pablo se centra en la tarea más difícil para cada uno y en dar lo que el otro más necesita.

Pregunta 12. Si diriges un grupo en el que todos los participantes están casados, esta última pregunta podría ser: si fueras mujer, ¿cómo podrías mostrar respeto a tu marido? Si fueras hombre, ¿cómo podrías mostrar amor a tu mujer?

ESTUDIO 10. EFESIOS 6:1-9. HONRAR Y OBEDECER.

PROPÓSITO: Descubrir cómo la discusión de Pablo sobre padres e hijos y amos y esclavos contribuye a su argumento de glorificar a Dios mediante nuestra unidad.

Discusión en grupo. Si la gente tiene problemas para empezar, puedes sugerir dar respuestas de una sola palabra: ¿Tormentosa? ¿Amable? ¿Inexistente? ¿Casual? ¿Cercana? ¿Rígida? ¿Abierta? Concede unos minutos para que hablen todos los que lo deseen.

Pregunta 1. Este estudio se abre con una pregunta que da una visión general del pasaje completo y se cierra con una pregunta que lo repasa (pregunta 14). No entres aquí en muchos detalles, ya que eso vendrá después. Busca comentarios y observaciones generales.

Pregunta 2. Algunos comentaristas ven la promesa del versículo 3 como general más que particular, aplicándose a una familia o línea familiar o a la sociedad en su conjunto más que a un individuo.

Pregunta 3. Algunos miembros del grupo pueden encontrar ésta y otras preguntas de este pasaje difíciles de responder en función de cómo sea o haya sido su relación con sus padres. Intenta ser consciente de cómo se sienten las personas.

Pregunta 4. Debes estar preparado y abierto a las respuestas negativas. Si llegan, no intentes imponer tu posición. Permite que el grupo luche con las cuestiones.

Pregunta 5. Si la pregunta 4 genera controversia, la pregunta 5 podría volver a unir las cosas. Anima al grupo a concretar cómo obedecerán y honrarán a sus padres, aunque solo sea en pequeñas cosas.

Pregunta 8. Si hay padres en tu grupo, asegúrate de no cubrir sólo la segunda mitad del versículo 4, sino también la primera.

John Stott escribe: «La instrucción a los hijos de obedecer a sus padres presupone la autoridad paterna. Sin embargo, cuando Pablo esboza cómo los padres deben comportarse con sus hijos, no es el ejercicio, sino la moderación, de su autoridad lo que les insta a hacer» (*Message of Ephesians*, p. 245).

En la época del Nuevo Testamento la esclavitud no era el sistema violento que se encontraba en Estados Unidos. Era más como ser un sirviente contratado, y con ese papel había mucha libertad.

> Fuera de Palestina, donde las iglesias se establecían a menudo en casas particulares, entre los miembros había tanto amos como siervos. La esclavitud era una de las divisiones humanas que dejaron de tener sentido en la nueva comunidad en Cristo (1 Corintios 7:22; Gálatas 3:28). Esto condujo aparentemente a un deseo de emancipación (1 Corintios 7:20) y quizá incluso a que algunos la fomentaran activamente (1 Timoteo 6:3-5). Pablo no se oponía a la manumisión si se ofrecía la oportunidad (1 Corintios 7:21), pero se abstuvo estudiadamente de presionar a los propietarios, incluso cuando el sentimiento personal podría haberlo llevado a hacerlo (Filemón 8, 14). No solo había una razón práctica para evitar exponer a las iglesias al criticismo (1 Timoteo 6:1s.), sino la cuestión de principio de que todos los puestos humanos son asignados por Dios (1 Corintios 7:20). Por tanto, los esclavos deben aspirar a agradar a Dios con su servicio (Efesios 6:5-8; Colosenses 3:22). El vínculo fraternal con un amo creyente debe ser un motivo añadido para servirlo bien (1 Timoteo 6:2). Un amo, por otra parte, bien puede dejar que prevalezca el sentimiento fraternal (Filemón 16), y ciertamente debe tratar a sus esclavos con moderación (Efesios 6:9) y estricta equidad (Colosenses 4:1).
>
> El hecho de que la esclavitud doméstica, que es el solo tipo al que se hace referencia en el NT, se regía generalmente por sentimientos de buena voluntad y afecto, queda implícito por su uso figurado en la «casa de Dios» (Efesios 2:19). (I. Howard Marshall et al., eds., *The New Bible Dictionary* [Downers Grove, Ill.: InterVarsity Press, 1996], pp. 1113-14.)

ESTUDIO 11. EFESIOS 6:10-24. GUERRAS DE ORACIÓN.

PROPÓSITO: Comprender cómo se libra la batalla definitiva y cómo se puede ganar.

Discusión en grupo. Puede que haya algunos en tu grupo que no crean en un diablo personal. Permíteles expresar sus opiniones sin entrar en una gran discusión sobre si tienen o no razón. A medida que avance el estudio, la posición de Pablo debería quedar clara.

Pregunta 2. Véase, por ejemplo, 1:3, 21; 2:2, 6; 3:10. (Esta pregunta y la 7 te piden que repases todo el libro de Efesios. Esto puede ayudar a unir el libro y, al mismo tiempo, tocar varios puntos en 6:10-24).

Pregunta 4. Efesios 3:1 y 4:1 también indican su aprisionamiento.

No te sientas obligado a cubrir cada pieza de la armadura. Es más importante hacerse una idea general de cómo estamos preparados.

Pregunta 7. Si el grupo tiene problemas con esto, ayúdalos primero a mirar detenidamente 6:18-20 y describan la vida de oración de Pablo a partir de sus comentarios sobre la oración y sus peticiones. ¿Cómo demuestra su dependencia de la oración? A continuación, busquen en el libro las pruebas de que es un guerrero de la oración. En 1:3 y siguientes vemos a Pablo lleno de alabanzas a Dios y nombrando razones específicas para esta alabanza. Examina las oraciones de Pablo en 1:15-23 y en 3:14-20. ¿Cómo podríamos modelar nuestra forma de orar siguiendo el ejemplo de Pablo?